Der Hochschul-Social Media-Index
HSM-Index ©

von Claudius Schikora & Sepita Ansari

April 2013

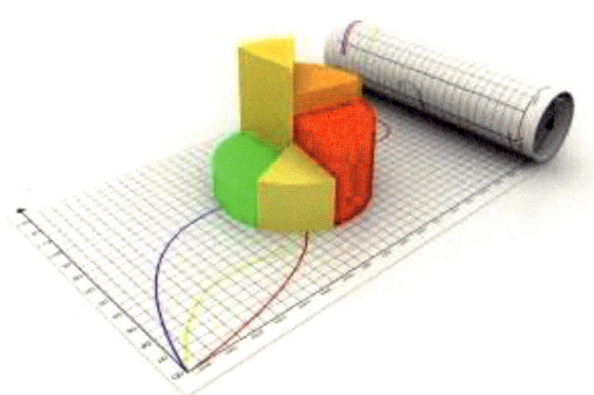

Quelle: **www.sxc.hu/photo/1415060** (Abruf vom 02.05.2013)

© 2013 Claudius Schikora und Sepita Ansari

Verlag: tradition GmbH, Hamburg

ISBN: 978-3-8495-4557-4

Printed in Germany

Abstract:

Ziel dieser Studie ist die Ermittlung und die Bewertung der Aktivität von über 200 deutschen Hochschulen innerhalb der Social Media anhand eines Index.

Der Hochschul-Social Media Index wird durch einen gewichteten additiven Index (Min: 0 Punkte – Max: 100 Punkte) erstellt – Die Gewichtungen werden anhand des Nutzungsgrades der in Deutschland verbreiteten Social Media Plattformen und dem Grad der Aktivität der potenziellen sozialen Interaktion der Plattformen in Form eines Scoring Modells bewertet. Im Fokus der Studie sind dementsprechend die Social Media-Plattformen **Facebook, Twitter, YouTube, Xing,** sowie die **Integration von Social Buttons,** die auf der Startseite der jeweiligen Hochschulen implementiert wurden. Die Messung der Werte der Einzelindikatoren erfolgte am 08.01.2013. Die Social Media Plattformen LinkedIn, Google+ sowie weitere Social Media Netzwerke sind mangels Mitgliederzahlen und mangels der Berücksichtigung durch die Hochschulen nicht in den Index mit aufgenommen worden.

Im Ergebnis wird deutlich, dass einige Hochschulen sehr aktiv mit ihren Studierenden und ihren Stakeholdern kommunizieren – hier fällt auch auf, dass es sehr große Unterschiede zwischen der Aktivität der Social Media Maßnahmen gibt. Einige Hochschulen (unter anderem auch Elite-Hochschulen) verzichten sogar auf den Einsatz von Social Media Maßnahmen und unterlassen die Kommunikation mit den im Social Media sehr aktiven Studierenden.

Einführung:

Social Media Kanäle und hier insbesondere Facebook werden in starkem Maße und meistens sogar täglich von Studierenden weltweit genutzt. Viele Studierende gehen sogar soweit, dass sie es wichtiger finden, mehr Zeit auf der Social Media Plattform Facebook zu verbringen, als sich mit Freunden zu treffen, wie eine Umfrage der Cisco Studie „The Cisco Connected World Technology Report 2011"[1] belegt. Hier konnten auch weitere Zusammenhänge zwischen Social Media Plattformen und Studierenden gewonnen werden. Demnach werden die Social Media Plattformen viel intensiver genutzt als angenommen:

- 81% der Studierenden weltweit sind mindestens 1 mal am Tag auf der Social Media Plattform Facebook
- 76% der Studierenden in Deutschland sind mindestens 1 mal am Tag auf der Social Media Plattform Facebook
- Nur 12% der Studierenden in Deutschland haben keinen Facebook Account

---

[1] The Cisco Connected World Technology Report (2011); URL aufgerufen unter http://www.cisco.com/en/US/solutions/ns341/ns525/ns537/ns705/ns1120/CCWTR-Chapter1-Report.pdf, 16.09.2011

Eine Studie des Hochschulinformationssystem (HIS) bestätigt diese Tendenz noch weiter:

- 73% der Studierenden in Deutschland sind 1-3 Stunden täglich im Internet
- 25% der Studierenden in Deutschland sind 4-6 Stunden täglich im Internet
- 50% der Studierenden nutzen Internet Communities zur Klausurvorbereitung (Wikipedia, Facebook, Xing & Co.)[2]

Wie aus beiden Studien zu sehen ist, verweilen die Studierenden sehr häufig auf der Social Media Plattform Facebook und einige bereiten sich mit Hilfe der Internet Communities sogar auf ihre Klausuren vor. Daher ist es sehr verwunderlich, dass einige Hochschulen ihre Aktivitäten innerhalb der Social Media Plattformen nicht ausweiten, da die Zielgruppe sich auf genau diesen Social Media Plattformen wie zum Beispiel Facebook, Twitter, YouTube und auch auf Xing aufhält.

---

[2] Kleinmann et. al. (2008), S. 5

Hier gibt es sehr starke Unterschiede zwischen den einzelnen Hochschulen.

Ziel dieser Studie ist es, diese Unterschiede innerhalb der Hochschul-Landschaft aufzuzeigen und zu ermitteln, welche Hochschule welche Aktivität innerhalb der Social Media aufweist.

Methode:

Die Ermittlung der Aktivität der Hochschulen im Bereich Social Media und das Aufstellen eines entsprechenden Index ist das Ziel dieser Arbeit.

Social Media als neuer Trend steht für den Austausch von Informationen und Meinungen, sowie für die Interaktion der Nutzer auf Community-Webseiten.[3]

Um eine Aktivität im Social Media für Hochschulen messen zu können, benötigt man als erstes die Nutzerzahlen von deutschen Studierenden auf Social Media Plattformen; diese Daten sind jedoch sehr schwer zu ermitteln. Zweitens benötigt man Interaktionselemente und –werte, um die Aktivität mit den Nutzern auf den jeweiligen Social Media-Plattformen messen zu können.

Für die Ermittlung der Social Media-Aktivität wurden daher zuallererst die wichtigsten Social Media-Plattformen bestimmt, die eine Rolle im deutschsprachigen „Hochschul-

---

[3] Weinberg, T. (2012), S. 1 f.

Raum" spielen. Wie die Studie von Cisco[4] belegt, ist Facebook die wichtigste Social Media Plattform für Hochschulen und daher für die Studie gesetzt. Facebook ist auch laut einer Studie des Social Media-Experten Thomas Hutter aus 2011[5] die größte deutsche Social Media-Plattform mit 34 Mio. eindeutigen Besuchern im Monat – innerhalb dieser Studie wurde Google AdPlanner (adplanner.google.com) zur Ermittlung der Reichweiten eingesetzt. Gemäß dem Analytics Experten Avinash Kaushik gilt Google AdPlanner als eines der besseren Research-Tools zur Ermittlung von Reichweiten von Webseiten[6]. YouTube ist den Google AdPlanner Schätzungen nach, die zweitgrößte deutsche Social Media-Plattform in Deutschland mit 31 Mio. eindeutigen Besuchern. YouTube besitzt zwar eine Kommentarfunktion, hier ist jedoch die gezielte Interaktion mit den Nutzern eher schwer, da jeder eingeloggte Nutzer kommentieren kann. Hochschulen und Un-

---

[4] The Cisco Connected World Technology Report (2011); URL aufgerufen unter http://www.cisco.com/en/US/solutions/ns341/ns525/ns537/ns705/ns1120/C CWTR-Chapter1-Report.pdf, 16.09.2011

[5] Hutter, T. (2011), URL aufgerufen unter http://www.thomashutter.com/index.php/2011/07/Social Media-social-networks-statistiken-deutschland-gewinner-und-verlierer-update-juli-2011/; 23.02.2013.

[6] Kaushik, A. (2008), Google / DoubleClick AdPlanner: Competitive Intelligence Analysis; URL aufgerufen unter http://www.kaushik.net/avinash/competitive-intelligence-analysis-google-ad-planner/; 23.02.2013.

ternehmen meiden hier noch das Portal zur direkten Ansprache. Twitter spielt im deutschsprachigen Raum eine kleinere Rolle mit 3,8 Mio. eindeutigen Besuchern. Allerdings bietet Twitter durch die Interaktionsmöglichkeiten (Tweet / Retweet) insbesondere für Social Media (Austausch von Informationen und Meinungen) eine große Rolle. Als letzte Plattform zur Ermittlung der Aktivität im deutschen Social Web für Hochschulen wurde Xing gewählt mit geschätzten 3,1 Mio. eindeutigen Besuchern, da Xing als Karriere-Community insbesondere für die Hochschulabsolventen eine Rolle spielt und zudem viele Hochschulen bereits auf Xing mit ihren aktuellen Studierenden, sowie Alumni kommunizieren. Als letztes Kriterium und als Einzelindikator wurde das Einpflegen eines Social-Share-Button auf der Webseite mit einbezogen, da hier die Studierenden direkt auf die jeweiligen Social Media-Kanäle der Hochschulen weitergeleitet werden und die Hochschule in den direkten Dialog gehen kann.

Innerhalb dieser fünf Elemente wurden zur Ermittlung der Nutzer-Aktivität noch Interaktionselemente eingebaut.

Bei dem Portal **Facebook** wurden als Einzelindikatoren folgende Werte gemessen:

- Aktive Facebook Hochschulseite, offensichtlich direkt von der Hochschule geführt
- Gesamtanzahl der Facebook Fans der Hochschule
- Anzahl der Facebook Likes im jeweiligen Test-Monat
- Anzahl der Facebook Visits im jeweiligen Test-Monat

Bei dem Portal **Twitter** wurden als Einzelindikatoren folgende Werte gemessen:

- Aktiver Twitter Hochschul-Account, der offensichtlich direkt von der Hochschule geführt wird
- Gesamtanzahl der Twitter Follower einer Hochschule
- Gesamtanzahl der Hochschul-Tweets auf Twitter

Bei dem Portal **YouTube** wurden als Einzelindikatoren folgende Werte gemessen:

- Aktiver YouTube Kanal, der offensichtlich direkt von der Hochschule geführt wird
- Gesamtanzahl der YouTube Abonnenten

- Gesamtanzahl der YouTube Videoaufrufe

Zwei weitere Indikatoren wurden zur Aktivitätsermittlung betrachtet:

- Bei dem Social Media-Portal **Xing** wurde lediglich der Indikator „aktiver Xing Account" erhoben, welcher offensichtlich direkt von der Hochschule geführt wurde.

- Bei der **Social-Share-Button Integration** wurde der Social-Share-Button auf der Hochschul-Startseite bewertet. Hier erhielt die jeweilige Hochschule die Punktzahl nur, wenn die Verlinkung auf die eigene Social Media-Hochschul-Präsenz (auf Facebook, Twitter, YouTube oder Xing) gesetzt wurde.

Folgende Social Media-Plattformen wurden nicht mit einbezogen:

- Wikipedia: Wikipedia ist zwar eines der größten Social Media-Portale, kann aber von den Hochschulen nicht genutzt und gesteuert werden, da es eine reine User-Basierte Wissensplattform ist und keine Interaktionen ermöglicht.
- StudiVz/MeinVz.: StudiVz. war zwar die größte deutsche Social Media-Plattform, hat aber aufgrund des Markteintrittes von Facebook keine Relevanz mehr (Thomas Hutter Studie: 2,1 Mio. eindeutige Besucher) für die deutschen Hochschul-Absolventen[7]. MeinVz. wird ebenfalls nicht berücksichtigt, da es kein Portal für Studierende ist.

- Wer-kennt-wen.de: Wer-kennt-wen.de ist zwar auch eine sehr große deutsche Social Media-Plattform mit 6.1 Mio. eindeutigen Besuchern, hat aber für Hochschulen keine Bedeutung, da mit den Nutzern nicht interagiert werden

---

[7] Conradi, M. (2012): StudiVz. und MeinVz. vor dem Aus, URL aufgerufen unter: http://www.sueddeutsche.de/digital/studivz-und-meinvz-vor-dem-aus-es-hat-sich-ausgegruschelt-1.1377820, 24.02.2013

kann. Zudem deckt Facebook als direkter Wettbewerber den Markt für Social Community Netzwerke komplett ab.

- MySpace: Auch MySpace hat keine Bedeutung für Hochschulen, da hier ebenfalls kein Austausch mit den Nutzern stattfinden kann – zudem kann MySpace nicht mehr viele deutsche Nutzer verzeichnen (2 Mio. eindeutige Besucher).

- LinkedIn: LinkedIn ist als größter Wettbewerber von Xing mit 1,3 Mio. Nutzern noch nicht relevant genug – außerdem sind hier noch sehr wenige Hochschulen aktiv – dieses Portal sollte aber gegebenenfalls für die weitere Erhebung in Betracht gezogen werden.

- Google+: Google+ ist noch eine junge Social Media-Plattform, die noch keine große Relevanz im deutschen Markt hat - dieses Portal sollte aber gegebenenfalls für die weitere Erhebung in Betracht gezogen werden.

Um innerhalb der fünf Elementen (Facebook / Twitter / YouTube / Xing / Social-Share-Button Integration) und zwölf Einzelindikatoren eine faire Gewichtung aufzustellen um die Aktivität der Hochschulen bemessen zu können, wurde ein gewichteter additiver Index erhoben. Die Gewichtung wurde dabei nach folgendem Scoring-Modell aufgesetzt:

HSM-Index(i) = ((FA(i)*0,15)+(FF(i)/FF(max)*0,1) +

(FL(i)/FL(max))*0,05) + (FV(i)/FV(max))

Legende der Einzelindikatoren:

- FA = Hochschule (i) führt einen eigenen Facebook Account

- FF = Anzahl Facebook Fans einer Hochschule (i)

- FL = Facebook Likes in einem Monat einer Hochschule (i)

- FV = Facebook Visits in einem Monat einer Hochschule (i)

- TA = Hochschule führt einen eigenen Twitter Account einer Hochschule (i)

- TF = Anzahl Twitter Follower einer Hochschule (i)

- TT = Anzahl Tweets einer Hochschule (i)

- YK = Hochschule (i) führt einen eigenen YouTube Kanal (Channel)

- YA = Anzahl YouTube Kanal Abonnenten einer Hochschule (i)

- YV = Anzahl YouTube Kanal Views einer Hochschule (i)

- SB = Social Button Integration einer Hochschule (i) auf der Startseite (Bemerkung: Keine Social Bookmarks – Social Button müssen auf die jeweilige Social Media-Plattformen der Hochschule (i) (Facebook(i), Twitter(i), YouTube(i) oder Xing(i)) verlinken

- XA = Hochschule (i) führt einen eigens moderierten Xing Account oder hat eine von der Hochschule erstellte Xing-Präsenz.

Auf Basis des Index kann nun jede Hochschule einen Score von bis zu 100 Punkten erreichen. Jetzt wird noch lediglich eine Auswahl an Hochschulen benötigt – hierzu wurden aus dem Ranking der Top Study Links die 200 besten Hochschulen des Jahrgangs 2012-2013[8] aus insgesamt 331 Hochschulen ausgewählt. Zu den Top200 Hochschulen wurden noch selektiv 18 weitere Hochschulen hinzugezogen, die insbesondere privatwirtschaftlich geführt werden – diese ausführliche Liste von demnach 218 Hochschulen sind in der Anlage 1 aufgeführt. Für diese insgesamt 218 Hochschulen wurden somit Scoring Punkte errechnet.

Top Study Links ist ein Studien-Ratgeber, der 12.000 Universitäten weltweit in einem Ranking erfasst – ermittelt wird das Ranking hauptsächlich anhand der Hochschulgröße, Sichtbarkeit der Hochschule, Forschungsarbeiten und Anzahl der Wissenschaftler[9] – dieses Ranking wurde für die Auswahl der Hochschulen genutzt, da sie einen Datenbestand von 331 deutschen Hochschulen hatte und ein einfaches Ranking genutzt wurde. Das Ranking selbst durch Top Study Links spielte für die Index-Erstellung, wie aus der Formel ersichtlich ist, überhaupt keine Rolle.

---

[8] http://www.topstudylinks.com/Top-Universities-in-Germany-c178.aspx, URL aufgerufen am 01.03.2013

[9] http://www.topstudylinks.com/Top-Universities-in-Europe-tc4.aspx, URL aufgerufen am 01.03.2013

Anbei ein Testexemplar für die Hochschule Technische Universität (TU) München.

Insgesamt wurden **Facebook** 35 Punkte beigemessen:

- 15 Punkte: Die Hochschule besitzt eine Facebook Seite
- Maximal 10 Punkte: (Anzahl Facebook Fans der jeweiligen Hochschule) / (Maximaler Wert der Hochschulen für die Anzahl Facebook Fans)
- Maximal 5 Punkte: (Anzahl Facebook Likes der jeweiligen Hochschule im Monat) / (Maximaler Wert der Hochschulen für die Anzahl Facebook Likes im Monat)
- Maximal 5 Punkte: (Anzahl Facebook Visits der jeweiligen Hochschule im Monat) / (Maximaler Wert der Hochschulen für die Anzahl Facebook Visits im Monat)

Insgesamt wurden **Twitter** 30 Punkte beigemessen:

- 10 Punkte: Die Hochschule besitzt einen Twitter Account
- Maximal 10 Punkte: (Anzahl Twitter Follower der jeweiligen Hochschule) / (Maximaler Wert der Hochschulen für die Anzahl Twitter Follower)

- Maximal 10 Punkte: (Anzahl Tweets der jeweiligen Hochschule) / (Maximaler Wert der Hochschulen für die Anzahl Tweets)

Insgesamt wurden **YouTube** 15 Punkte beigemessen:

- 10 Punkte: Die Hochschule besitzt einen aktiven YouTube Kanal
- Maximal 10 Punkte: (Anzahl YouTube Abonnenten der jeweiligen Hochschule) / (Maximaler Wert der Hochschulen für die Anzahl YouTube Abonnenten)
- Maximal 10 Punkte: (Anzahl Videoaufrufe der jeweiligen Hochschule) / (Maximaler Wert der Hochschulen für die Anzahl Videoaufrufe)

Insgesamt wurden der **Social Button Integration** 15 Punkte beigemessen:

- 15 Punkte: Die Hochschule hat auf der Startseite Social Buttons integriert

Insgesamt wurden **Xing** 5 Punkte beigemessen:

- 5 Punkte: Die Hochschule besitzt eine von der Hochschule geführte Xing-Präsenz.

Ergebnisse der Studie:

Die Studie belegt, dass es sehr große Unterschiede zwischen Hochschulen gibt, in welchem Maße Social Media Marketing betrieben wird, um mit der Zielgruppe der Studierenden zu kommunizieren. Dabei ist auffällig, dass die zehn besten deutschen Hochschulen hinsichtlich des Social Media Einsatzes allesamt staatliche Hochschulen sind:

Position	Universität	Aktivitätsindex
1	Universität Münster	79,80
2	Technische Universität München	78,13
3	Universität zu Köln	74,07
4	Ruhr Universität Bochum	73,88
5	Universität Hamburg	67,76
6	Johannes Gutenberg Univ. Mainz	67,60
7	FernUniversität in Hagen	66,61
8	Karlsruhe Institute of Technology	66,19
9	Universität Leipzig	64,78
10	Fachhochschule Münster	64,18

Die privaten Hochschulen schneiden unerwartet deutlich schlechter ab, als die staatlichen Hochschulen.

Position	Universität	Aktivitätsindex
15	Jacobs University Bremen	62,48
32	Leipzig Graduate School of Management	58,91
36	Hochschule Fresenius	58,06
38	Fachhochschule des Mittelstands	58,00
39	Frankfurt School of Finance & Management	57,93
41	Munich Business School	57,78
42	Akademische/Wissenschaftliche Hochschule Lahr	57,68
43	Int. School of Management Dortmund	57,66
51	Macromedia Hochschule der Medien München	56,54
54	European School of Management und Technology Berlin	55,92

Dabei belegen einige Elite-Universitäten sehr gute Positionen im Social Media Index.

Position	Universität	Aktivitätsindex
2	Technische Universität München	78,13
3	Universität zu Köln	74,07
12	Technische Universität Dresden	62,83
18	Humboldt Universität zu Berlin	62,24
47	Ruprecht Karls Universität Heidelberg	57,45

Andere Elite-Hochschulen nutzen ihr Potential nicht um mit den Studierenden zu kommunizieren:

Position	Universität	Aktivitätsindex
57	Universität Konstanz	55,34
73	Rheinisch Westfälische Technische Hochschule Aachen	51,76
89	Universität Bremen	46,27
113	Ludwig Maximilians Universität München	40,30
116	Universität Tübingen	38,07
198	Freie Universität Berlin	0,00

Weitere bekanntere Hochschulen nutzen den Social Media Kanal überhaupt nicht um mit zu ihrer Zielgruppe in Kontakt zu treten. Wie gerade erwähnt sind hier Hochschulen mit einer höheren Reputation vertreten wie zum Beispiel die bereits erwähnte Elite Hochschule Freie Universität Berlin, die Charité Universitätsmedizin Berlin, die Katholische Universität Eichstätt-Ingolstadt, die Universität Flensburg sowie die Pädagogische Hochschule Heidelberg.

Position	Universität	Aktivitätsindex
	Evangelische Fachhochschule	
198	Darmstadt	0,00
198	Hochsch. f. Grafik/Buchkunst Leipzig	0,00
198	Hochschule für Künste Bremen	0,00
198	Phil. Theol. Hochschule Sankt Georgen	0,00
198	Charité Universitätsmedizin Berlin	0,00
198	Hochschule für Verwaltungs-wissenschaften Speyer	0,00
198	Fachhochschule Flensburg	0,00
198	Fachhochschule Kiel	0,00
198	Fachhochschule Ludwigshafen am Rhein	0,00
198	Freie Universität Berlin	0,00

198	Friedrich Alex. Univ. Erlangen Nürnberg	0,00
198	Hochschule für Technik und Wirtschaft des Saarlandes	0,00
198	Hochschule Landshut	0,00
198	Hochschule Rosenheim	0,00
198	Hochschule Weihenstephan-Triersdorf	0,00
198	Katholische Univ. Eichstätt-Ingolstadt	0,00
198	Munich Academy of Fine Arts	0,00
198	Pädagogische Hochschule Freiburg	0,00
198	Pädagogische Hochschule Heidelberg	0,00
198	Pädagogische Hochschule Weingarten	0,00
198	Universität Flensburg	0,00

Alle pädagogischen Einrichtungen finden sich im hinteren Teil des Social Media Rankings wieder – hier bleibt abzuwarten ob sich die pädagogischen Organisationen zukünftig intensiver mit der Social Media auseinandersetzen werden, als ein Teil der menschlichen Sozialisation und ihres kulturellen Austausches[10]:

Position	Universität	Aktivitätsindex
165	Pädagogische Hochschule Ludwigsburg	20,35
168	Pädagogische Hochschule Karlsruhe	20,00
179	Pädagogische Hochsch. Schwäbisch Gmünd	15,30
198	Pädagogische Hochschule Freiburg	0,00
198	Pädagogische Hochschule Heidelberg	0,00
198	Pädagogische Hochschule Weingarten	0,00

Auch die Hochschulen, die von kirchlichen Trägerschaften stammen, finden sich eher im Schlussteil des Social Media

---

[10] Alfert N.; Roggenbach V. (2012), S. 39f.

Rankings wieder, außer der Theologischen Hochschule Friedensau, die sich im Mittelfeld des Rankings wiederfindet:

Position	Universität	Aktivitätsindex
107	Theologische Hochschule Friedensau	41,33
182	Katholischen Hochschule für Sozialwesen Berlin	15,13
194	Katholische Hochschule Nordrhein-Westfalen	5,00
198	Evangelische Fachhochschule Darmstadt	0,00
198	Phil. Theologische Hochschule St. Georgen	0,00
198	Katholische Universität Eichstätt-Ingolstadt	0,00

Fazit:

Die Studie zeigt, dass einige bekannte Hochschulen Social Media als Kommunikationsinstrument nachhaltig nutzen. Die Social Media Aktivität der privaten Hochschulen ist eher gering; es dominieren die staatlichen Hochschulen. Auch zwischen den Elite-Hochschulen gibt es sehr große Unterschiede bei der Aktivität im Social Media – einige Elite-Universitäten kommunizieren sehr ausgeprägt mit den Studierenden, einige haben hier noch sehr viel Nachholbedarf oder verweigern sogar jedwede Kommunikation mit ihren Studierenden über soziale Netzwerke und Plattformen. Es tut sich jedoch sehr viel in der Aktivität der Hochschulen im Rahmen der Social Media – diese Studie soll jetzt regelmäßig stattfinden und die Aktivität von Hochschulen messen.

Literatur:

Alfert, Nicole; Roggenbach, Viola: Pädagogische Beziehungen im Zeitalter von Facebook – Ein soziales Netzwerk zwischen Professionalität und Freundschaft; Soziale Passagen, Volume 4, Issue 1, pp.39-57; VS-Verlag; Juni 2012.

CISCO AND/OR ITS AFFILIATES: The Cisco Connected World Technology Report 2011, URL aufgerufen unter: http://www.cisco.com/en/US/solutions/ns341/ns525/ns53 7/ns705/ns1120/CCWTR-Chapter1-Report.pdf, 16.09.2011.

Conradi, Malte (2012): StudiVz und MeinVz vor dem Aus, URL aufgerufen unter:

http://www.sueddeutsche.de/digital/studivz-und-meinvz-vor-dem-aus-es-hat-sich-ausgegruschelt-1.1377820, 24.02.2013

Hutter, Thomas: Social Media: Social Networks Statistiken Deutschland – Gewinner und Verlier - 2011, URL aufgerufen unter http://www.thomashutter.com/index.php/2011/01/Social Media-social-networks-statistiken-deutschland-gewinner-und-verlierer/; 23.02.2013

Kaushik, Avinash (2008), Google / DoubleClick AdPlanner: Competitive Intelligence Analysis; URL aufgerufen unter http://www.kaushik.net/avinash/competitive-intelligence-analysis-google-ad-planner/; 23.02.2013.

Kleimann, Bernd; Özkilic, Murat, M; Göcks, Marc: Studieren im Web 2.0 – Studienbezogene Web- und E-Learning-Dienste in HISBUS-Kurzinformationen Nr. 21, URL aufgerufen unter https://hisbus.his.de/hisbus/docs/hisbus21.pdf, 16.09.2011.

Top Study Links, Top Study Links als Ratgeber für Higher Education mit insgesamt 12.000 Hochschulen weltweit, 01.03.2013

Weinberg, Tamar: Social Media Marketing – Strategien für Twitter, Facebook & Co.; O-Reilly Verlag; Köln: 2012.

Anlage 1:

Position	Universität	Aktivitätsindex
1	Universität Münster	79,80
2	Technische Universität München	78,13
3	Universität zu Köln	74,07
4	Ruhr Universität Bochum	73,88
5	Universität Hamburg	67,76
6	Johannes Gutenberg Universität Mainz	67,60
7	FernUniversität in Hagen	66,61
8	Karlsruhe Institute of Technology	66,19
9	Universität Leipzig	64,78
10	Fachhochschule Münster	64,18
11	Universität Hohenheim	63,31
12	Technische Universität Dresden	62,83
13	Universität Duisburg Essen	62,83
14	Deutsche Sporthochschule Köln	62,82
15	Jacobs University Bremen	62,48
16	Universität Bayreuth	62,39
17	Fachhochschule Jena	62,36
18	Humboldt Universität zu Berlin	62,24
19	Universität Stuttgart	61,62

20	Fachhochschule Köln	61,13
21	Universität Koblenz Landau	61,09
22	Otto v. Guericke Universität Magdeburg	60,90
23	Hochschule Aalen	60,71
24	Hochschule Magdeburg Stendal	60,68
25	Rheinische Friedrich Wilhelms Universität Bonn	60,57
26	Fachhochschule Erfurt	60,55
27	Duale Hochschule Stuttgart	60,31
28	Martin Luther Universität Halle Wittenberg	60,08
29	Technische Universität Chemnitz	59,71
30	Technische Universität Darmstadt	59,33
31	Universität Trier	59,31
32	Leipzig Graduate School of Management	58,91
33	Hochschule Anhalt	58,77
34	Jade Hochschule Wilhelmshaven	58,52
35	Hochschule Mittweida	58,42
36	Hochschule Fresenius	58,06
37	Fachhochschule Mainz	58,03
38	Fachhochschule des Mittelstands	58,00
39	Frankfurt School Finance &	57,93

	Management	
40	Hochschule Furtwangen	57,92
41	Munich Business School	57,78
	Akademische/Wissenschaftliche	
42	Hochschule Lahr	57,68
	Int. School of Management	
43	Dortmund	57,66
44	DHBW Karlsruhe	57,63
45	Fachhochschule Schmalkalden	57,63
	Technische Universität	
46	Braunschweig	57,47
	Ruprecht Karls Universität	
47	Heidelberg	57,45
48	Friedrich Schiller Universität Jena	57,42
49	Fachhochschule Ingolstadt	57,16
50	Hochschule Zittau Görlitz	56,86
51	Macromedia Hochsch. der Medien	56,54
52	Fachhochschule Brandenburg	56,37
53	Universität Kassel	56,02
	European School Management/	
54	Technology Berlin	55,92
	Hochschule für Oekonomie &	
55	Management	55,83
56	Hochschule Augsburg	55,53

57	Universität Konstanz	55,34
58	Hochschule München	55,23
59	Universität Witten Herdecke	55,12
60	Hochschule Bonn Rhein Sieg	55,06
61	Hochschule für Angewandte Wissenschaften Hamburg	54,61
62	Universität Potsdam	54,23
63	FH Trier - Umwelt Campus Birkenfeld	54,13
64	Johann Wolfgang Goethe Universität Frankfurt	53,82
65	Hochschule Ostwestfalen-Lippe	53,48
66	Universität Rostock	53,32
67	Hochschule Bochum	52,96
68	Hochschule Mannheim	52,74
69	EBS Schloss Reichartshausen	52,37
70	Technische Universität Hamburg Harburg	52,27
71	Private Fachhochschule Göttingen	52,21
72	Hertie School of Governance	52,08
73	Rheinisch Westfälische TH Aachen	51,76
74	Hochschule für Technik, Wirtschaft Und Kultur Leipzig	51,68
75	Hochschule Wismar	51,30

76	Fachhochschule Nordhausen	51,22
77	Technische Universität Ilmenau	50,99
78	Universität Mannheim	48,61
79	Universität Erfurt	48,44
80	Universität Hannover	48,29
81	Ernst Moritz Arndt Universität Greifswald	47,95
82	Fachhochschule Dortmund	47,67
83	Hochschule Heilbronn	47,24
84	SRH Hochschule Heidelberg	46,74
85	Hochschule Pforzheim	46,66
86	Technische Universität Berlin	46,57
87	Technische Universität Kaiserslautern	46,49
88	Cologne Business School	46,44
89	Universität Bremen	46,27
90	Alice Salomon Hochschule Berlin	45,72
91	Hochschule Merseburg	45,70
92	Westsächsische Hochschule Zwickau	45,66
93	Hochschule Amberg Weiden	45,51
94	Fachhochschule Bielefeld	45,44
95	Hochschule der Medien Stuttgart	45,12
96	Hochschule Karlsruhe	44,72

97	Justus Liebig Universität Gießen	42,99
98	Universität des Saarlandes	42,95
99	Burg Giebichenstein Hochschule für Kunst und Design Halle	42,27
100	Fachhochschule Stralsund	42,15
101	Carl Von Ossietzky Universiät Oldenburg	42,02
102	Hochschule Harz	41,90
103	Universität Paderborn	41,63
104	Fachhochschule Kaiserslautern	41,57
105	Universität Würzburg	41,52
106	Hochschule Kempten	41,43
107	Theologische Hochschule Friedensau	41,33
108	Hochschule Reutlingen	41,02
109	Technische Hochschule Mittelhessen	41,02
110	Brandenburgische TU Cottbus	41,02
111	Hochschule Wirtschaft/Umwelt Nürtingen-Geislingen	40,92
112	Hochschule Bildende Künste Hamburg	40,40
113	Ludwig Maximilians Universität München	40,30

114	Georg-August-Universität Göttingen	39,02
115	Hochschule Coburg	38,94
116	Universität Tübingen	38,07
117	Ohm-Hochschule Nürnberg	36,48
118	Otto Beisheim Graduate School of Management	36,22
119	Fachhochschule Deggendorf	36,16
120	Bucerius Law School	35,99
121	Universität Ulm	35,97
122	Universität Augsburg	35,93
123	Hochschule Konstanz	35,84
124	Fachhochschule Worms	35,55
125	Europäische Fachhochschule	35,32
126	Fachhochschule Wedel	35,19
127	Hochschule für Wirtschaft und Recht Berlin	35,00
128	Leuphana Universität Lüneburg	33,69
129	Otto Friedrich Universität Bamberg	32,10
130	Steinbeis Hochschule Berlin	32,04
131	Helmut Schmidt Universität	31,84
132	Technische Universität Dortmund	31,77
133	Beuth Hochschule für Technik Berlin	31,42

134	Hochschule RheinMain	31,25
135	Technische Universität Clausthal	31,15
136	Kunsthochschule für Medien Köln	31,07
137	Fachhochschule Frankfurt am Main	30,95
138	Universität der Künste Berlin	30,69
139	Fachhochschule Gelsenkirchen	30,64
140	Fachhochschule Würzburg-Schweinfurt	30,52
141	Fachhochschule Südwestfalen	30,50
142	Universitätsmedizin Mainz	30,47
143	Heinrich Heine Universität Düsseldorf	30,29
144	Philipps Universität Marburg	29,45
145	Universität Regensburg	29,04
146	Friedrich Alexander Universität Erlangen	28,91
147	Hochschule Bildende Künste Braunschweig	28,35
148	Universität Siegen	28,17
149	Hochschule Osnabrück	27,55
150	St. Hochschule für Gestaltung Karlsruhe	27,00
151	Technische Universität Freiberg	26,53
152	Ostfalia Hochsch. für Angewandte	26,33

	Wissenschaften	
153	Hochschule Niederrhein	26,19
154	Fachhochschule Lübeck	25,81
155	Technische Fachhochschule Wildau	25,64
156	Hochschule Neubrandenburg	25,63
157	Fachhochschule Potsdam	25,50
158	Bauhaus Universität Weimar	25,45
159	Hochschule Ulm	25,13
160	Zeppelin Universität	21,75
	Europa Univ. Viadrina Frankfurt	
161	Oder	21,73
162	Fachhochschule Koblenz	21,20
	Hochschule f. Technik und	
163	Wirtschaft Berlin	21,09
164	Universität Osnabrück	20,88
	Pädagogische Hochschule	
165	Ludwigsburg	20,35
166	Universität Freiburg	20,09
	Medizinische Hochschule	
167	Hannover	20,03
	Pädagogische Hochschule	
168	Karlsruhe	20,00
169	Bergische Universität Wuppertal	18,77
170	Fachhochschule Aachen	17,74

171	Universität Bielefeld	16,49
172	Hochschule Fulda	16,05
	Hochschule Technik u. Wirtschaft	
173	Dresden	15,68
174	Hochschule Bremen	15,67
175	Hochschule Bremerhaven	15,66
176	HafenCity Universität Hamburg	15,44
177	Tierärztliche Hochschule Hannover	15,34
178	Fachhochschule Hannover	15,33
	Pädagogische Hochschule	
179	Schwäbisch Gmünd	15,30
180	Hochschule für Musik Detmold	15,18
	Hochschule für Angewandte	
	Wissenschaft und Kunst	
181	Hildesheim-Holzminden-Gött.	15,17
	Kath. Hochschule für Sozialwesen	
182	Berlin	15,13
183	Hochschule Vechta	15,09
184	Hochschule Darmstadt	15,09
	Christian Albrechts Universität zu	
185	Kiel	15,00
	FH für angewandtes Management	
185	Erding	15,00
187	Hochschule Esslingen	15,00

187	Hochschule Offenburg	15,00
189	Universität Passau	14,03
190	Hochschule Ravensburg Weingarten	13,12
191	Fachhochschule Düsseldorf	12,87
192	Universität Hildesheim	11,45
193	Universität zu Lübeck	10,59
194	Katholische Hochschule Nordrhein-Westfalen	5,00
194	Fachhochschule Trier	5,00
194	RheinAhrCampus Remagen	5,00
194	Universität der Bundeswehr München	5,00
198	Evangelische Fachhochschule Darmstadt	0,00
198	Hochschule für Grafik und Buchkunst Leipzig	0,00
198	Hochschule für Künste Bremen	0,00
198	Phil. Theologische Hochschule Sankt Georgen	0,00
198	Charité Universitätsmedizin Berlin	0,00
198	Deutsche Hochschule für Verwaltungswissenschaften Speyer	0,00
198	Fachhochschule Flensburg	0,00

198	Fachhochschule Kiel	0,00
198	Fachhochschule Ludwigshafen am Rhein	0,00
198	Freie Universität Berlin	0,00
198	Friedrich Alexander Universität Erlangen Nürnberg	0,00
198	Hochschule Technik/Wirtschaft Saarland	0,00
198	Hochschule Landshut	0,00
198	Hochschule Rosenheim	0,00
198	Hochschule Weihenstephan-Triersdorf	0,00
198	Katholische Universität Eichstätt-Ingolstadt	0,00
198	Munich Academy of Fine Arts	0,00
198	Pädagogische Hochschule Freiburg	0,00
198	Pädagogische Hochschule Heidelberg	0,00
198	Pädagogische Hochschule Weingarten	0,00
198	Universität Flensburg	0,00

Verantwortlich:

Prof. Dr. Dr. Claudius Schikora

Leiter des Instituts für MedienManagement & Onlinemarketing

Hochschule für angewandtes Management in Erding

Sepita Ansari

Dozent/Lehrbeauftragter

Hochschule für angewandtes Management in Erding

Kontakt:

Institut für MedienManagement & Onlinemarketing

Hochschule für angewandtes Management

Prof. Dr. Dr. Claudius Schikora

Am Bahnhof 2
85435 Erding

Telefon: 08122 – 9559480

Internet: www.institut-medienmanagement.de

Email: claudius.schikora@fham.de

Für Notizen: